ELOGE

DE

MAXIMILIEN

DE BETHUNE,

DUC DE SULLY,

Sur - Intendant des Finances fous
Henri IV.

Par Mlle. MAZARELL

A PARIS,

Chez DU CHESNE, Libraire, rue S. Jacques,
au-deffous de la Fontaine S. Benoît,
au Temple du Goût.

M. DCC. LXIV.
Avec Approbation & Permiffion.

ÉLOGE

DE
MAXIMILIEN DE BETHUNE,

Duc de Sully , Sur - Intendant des Finances fous HENRI IV.

SI l'amour de la Gloire n'eût jamais enflammé que des ames vertueuses, elles auroient fuivi, pour arriver à l'immortalité , les routes de la fageffe & de la bienfaifance ; les Nations compteroient au nombre de leurs Chefs moins de Héros, plus de grands hommes. Mais l'ambition chercha des moyens de fe fignaler, plus éclatans & plus rapides ; la Guerre les offroit , on devint conquérant. Des Peuples détruits firent la célébrité des Vainqueurs ; l'Hiftoire confacra leurs actions, & la flaterie éleva des ftatues à ceux qui venoient de renverfer des Trônes. Le tems remet tout à fa place ; le récit des

A

hauts faits eft accompagné de celui des crimes. La loi du plus fort tombe comme elle s'étoit formée. Que refte-t-il de ces trophées, monuments de l'orgueil & de la foibleffe ? Ils font enfevelis dans la pouffiere. Que penfe-t-on enfin de ces Héros ? Ils étonnent encore, ils ne touchent plus.

Tranquille dans fa marche, éclairée dans fes projets, inépuifable dans fes reffources, la vertu fit les grands hommes ; ils donnerent la Paix à des Peuples malheureux, releverent leurs Cités abbatues, ne les foumirent qu'à l'équité, affurerent leur bonheur ; la reconnoiffance a gravée leur mémoire dans tous les cœurs, & la tranfmet d'âge en âge à la poftérité. Nous prononçons encore avec autant de fenfibilité que de refpect le nom de Sully, ce nom fi cher, fi précieux à la Patrie. La Renommée, qui trop fouvent exagere la gloire du Héros, ne fçauroit égaler celle de ce grand homme ; entreprendre fon éloge feroit une témérité, fi le feul fouvenir de fes bienfaits n'étoit un hommage, & fi le fentiment ne fuppléoit à l'éloquence.

La France toujours guerriere, ne fut pas toujours vertueufe ; une politique impie alluma dans fon fein les feux de la haine & de la vengeance ! Ce n'étoient plus ces François si fidéles à leurs Rois, si généreux aux champs de la victoire, si recommandables par la franchise & la simplicité des mœurs. Victimes d'un fanatisme aveugle & barbare, ils ne respiroient que le meurtre, les ravages, les proscriptions ; & cet Empire touchoit à ses derniers moments, si pour lui donner une nouvelle splendeur, le Ciel n'eut conservé HENRI IV. qui, joignant à ses qualités héroïques l'heureux talent de connoître les hommes, choisit pour ami, pour Ministre, Maximilien de Bethune Duc de Sully.

Agé de douze ans, Sully fut conduit par son pere à la Cour de Navarre *. » Je » ne puis vous enrichir, dit Bethune à son » fils ; mais ayez des vertus, elles vous » placeront au-dessus de la fortune ; pré- » parez-vous à supporter les malheurs, les » fatigues ; attachez - vous au Maître que » je vais vous donner, & méritez l'estime » des gens d'honneur ». C'est ainsi que ce Pere éclairé voit & peint en grand les principes d'une sage conduite. A peine sorti de l'enfance Sully les entend & les suit.

Bethune laissoit au vulgaire cette sévérité

---

* Économies Royales T. 1. pag. 40. édition d'Hollande *in*-16. 1725.

qui ne sert qu'à rendre suspects & celui qui l'employe & celui qui l'éprouve : on peut croire que l'un a dans son propre cœur des raisons pour craindre le vice, & que l'autre laisse entrevoir des dispositions à s'y livrer. Une ame forte ne succombe jamais, & tel pense être séduit qui n'est que foible. Sully avoit atteint l'âge des passions & des erreurs ; il accompagne le Prince de Navarre à la Cour de Cathérine de Médicis ; cette Cour voluptueuse lui présente des attraits flatteurs, mais dangéreux ; la fortune des moyens infaillibles, mais criminels ; il ne peut être ébranlé ni corrompu ; l'honneur seul est écouté ; plein de l'antique vertu de ses ayeux, Sully marche sous les Enseignes de HENRI ; aimer ce Prince, vivre & mourir à son service fut le premier serment de son cœur ; sa vie entiere en fut l'accomplissement.

Il est des hommes qui possédent quelques talents ; Sully rassemble toutes les qualités : grandeur de courage, fermeté d'esprit, profondeur de politique, amour du bien : il a toutes les vûes du Législateur, & plus encore, l'ame du Patriote. L'orgueil porte souvent des sujets ingrats à consacrer leur génie & leurs lumieres au service d'un Peuple étranger, quelquefois même ennemi de leur Nation ; toujours occupé de la gloire de son Roi,

du bonheur de la France , Sully leur sa-
crifia sa fortune & ce repos trop vanté
par les Philosophes de nos jours. Puissent
les esprits froids , les cœurs arides , s'é-
chauffer, s'attendrir au récit des travaux
& des périls de ce grand homme ! Le
verront-ils avec indifférence,toujours prêt
de s'immoler pour la Patrie dans ces
champs d'honneur & de carnage, qu'il par-
court sur les traces brillantes & rapides
de HENRI ? Au siège de Villefranche,
Sully renversé du haut des murs dans un
fossé profond, est assailli par des soldats
qui tentent de lui enlever son drapeau ;
mais ce drapeau que son Prince lui a confié, ne doit jamais passer dans des mains
ennemies : plus occupé du soin de le défendre que de celui de conserver sa vie,
Sully donna l'exemple de ce que la fidélité peut ajoûter à la bravoure. HENRI
commande en personne à Cahors ; avec
quinze cents hommes, il surprend la ville
défendue par une nombreuse garnison ;
ce succès même devient un danger ; il
irrite, il enflamme, il arme jusqu'aux habitans, qui des toits de leurs maisons lan-
cent une mort certaine. Celui qui sou-
tient le choc des armes est écrasé sous les
débris des édifices ; un monceau de rui-
nes couvre Sully; on l'en retire ; foible,
respirant à peine, il demande, il apprend

où est son Roi ; un si tendre intérêt ranime toutes ses forces ; il vole où H E N R I , presque seul , est entouré d'un Peuple furieux qui se renouvelle sans cesse. Tout est attaqué , tout resiste ; plus on gagne de terrein , plus on s'interdit la retraite ; il faut vaincre ou périr. H E N R I brave les efforts des ennemis , les repousse, les terrasse , les anéantit ; & Sully que son armure brisée livre à tous les coups , Sully meurtri , déchiré , sanglant, combat pendant cinq jours & cinq nuits sans jamais abandonner son Maître.

L'éloquence la plus rapide ne pourroit suivre Sully dans ces marches périlleuses, dans ces assauts renaissans, dans ces rencontres multipliées , où toujours brave , quelquefois téméraire , il donna des preuves de sa vaillance & de son génie ; Eause , Mirande , Saveuse , Nerac , Mont Segur... vous fûtes témoins de ses exploits & de ses succès ; ils ne paroîtront foibles aujourd'hui , qu'à ceux qui se dissimulent que le talent & le courage sont nécessairement portés au plus haut point dans l'homme qui combat avec peu de monde , bien différent de celui qui , confondu dans un corps considérable dont il reçoit l'impulsion , a toujours bien fait s'il n'a pas fui.

Charbonnieres & Montmélian sont assiegés par Sully. Chef & soldat il ordonne, il attaque ; une lance à la main, bravant le feu de la Place, il sonde, il en reconnoît le foible, pointe l'Artillerie, monte le premier à l'assaut, arbore sur les murs l'Etendart victorieux de la France.

Sully fut utile à son Roi par les armes ; le malheur des tems exigeoit encore d'autres secours. Quelques troupes de celles qui combattent moins pour illustrer leur vie, que pour assurer leur fortune, menaçoient de se retirer ; Sully vend ses biens, suit son Maître à Coutras, & contribue par l'artillerie qu'il commande, à la gloire de cette journée, qui réunit enfin le Roi de France & le Roi de Navarre. Cette union si chere aux cœurs vraiment François, ne produisit pas tous les biens qu'elle sembloit promettre. Une main sacrilége portée sur HENRI III. lui ôta le pouvoir de réparer des maux que sa foiblesse avoit rendus extrêmes. Sully déteste le coup affreux qui renverse du Trône le dernier des Valois ; mais il leve les yeux avec transport sur le chef des Bourbons, à qui la naissance & les vertus donnent enfin la premiere Couronne du Monde. Son ame s'élance au-devant des tems ; la gloire de HENRI, le bonheur de la France se présentent à ses regards : quelle image touchante pour un homme qui adore son Roi, & qui chérit sa Patrie ?

Henri se défend sous Arques avec un corps de trois mille hommes contre une armée de trente mille combattans. Sully le seconde, il chasse les Rebelles de tous les environs de Mante : sa fermeté dans une ville * presque sans Fortifications, en impose à l'armée entiere ; il jette du se-cours dans Meulan, contraint les Assié-geans de se retirer, force un des Faux-bourgs de Paris. La rapidité de sa course n'est interrompue que par la voix de son Maître, qui l'appelle dans les plaines d'Ivry : cet instant décisif augmente en lui le désir de combattre. Les troupes de Mayenne sont toujours supérieures en nombre ; mais sous les Enseignes de Henri IV. on cherchoit les ennemis, on ne les comptoit pas. » Compagnons, *s'é-* » *crie le Roi,* ** vous courez aujourd'hui » ma fortune, je cours aussi la votre. Je » veux vaincre ou mourir avec vous.... » Si vous perdez vos rangs dans la cha-» leur du combat, ralliez-vous à mon » Panache blanc ; vous le trouverez tou-» jours au chemin de l'honneur & de la » victoire : marchons «. Le signal est don-né : deux fois les troupes Espagnoles sont

* Passy ville en Normandie.
** Péréfixe Histoire de Henri le Grand, *in-12.* pag. 150 & 151.

enfoncées par Sully ; d'Egmont qui les commande, les rallie, les ramene à la charge & triomphe à son tour. Sully est percé de plusieurs coups ; son cheval tué sous lui le sépare un instant de ses Escadrons ; il les rejoint, il se précipite au fort de la mêlée, il est par-tout où le zèle & l'honneur lui montrent une place. En vain son sang qui coule, l'avertit que ses forces ne secondent plus son ardeur ; ses derniers momens doivent être utiles à son Roi ; mais de nouvelles blessures lui ôtent le pouvoir de remplir un si noble dessein ; il tombe sans connoissance ; déja cent chevaux l'ont foulé sous leurs pieds.

Sully reprend ses sens ; il porte ses regards étonnés sur ces champs qu'il ne reconnoît plus ; le silence & la mort l'environnent, les Armées ont disparu, la victoire & la fuite les entraînent loin de lui ; il ne sçait pas encore pour qui le Ciel s'est déclaré. Mourra-t-il dans cette affreuse incertitude ? Il se débarasse d'un monceau de corps froids & sanglans, parmi lesquels il étoit confondu : quelle horreur s'empare de son ame ? Il voit flotter l'Étendart de *Lorraine* ; une troupe s'avance, Sully l'attend avec ce désespoir muet & tranquille qui défie la barbarie même d'augmenter les maux qu'on resfent. Quelle eft fa furprife ! lorfque ces mêmes foldats , qu'il croyoit avides de fon fang , lui remettent leurs armes , fe rendent prifonniers , & lui annoncent enfin que Mayenne eft vaincu. Qu'avec plaifir alors il accepta des fecours qu'il auroit refufés dans fa douleur, s'il eût apprit que la fortune avoit trahi les intérêts de fon Prince. Il ne manquoit au bonheur de Sully, que les marques de tendreffe & d'amitié qu'il reçut de fon Roi : les bontés du Maître ajoutent un fentiment flatteur à celui qu'on éprouve quand on a rempli fon devoir ; celles de HENRI firent plus encore, elles hâterent la guérifon de Sully; tant il eft vrai que la fenfibilité de l'ame l'emporte quelquefois fur la foibleffe du corps.

Sully accompagne fon Prince devant Paris , que des fujets trompés défendent contre leur Maître légitime. François , qu'ofez-vous faire ! Vous combattez un Roi dont vous pleurerez long-tems la perte... HENRI plus touché que vous de vos propres malheurs , renonce à la victoire ; fon cœur eft déchiré. Il eft affreux pour lui de voir fouffrir des Peuples qu'il veut appeller fes enfants : un moyen plus digne du grand homme s'offre à fes yeux ; l'Eglife lui ouvre fon fein; Sully eft confulté ; Sully qui peut tout craindre pour fon parti

s'il perd un Chef tel que HENRI IV.
n'héſite pas un moment entre ſes avantages particuliers & le bien public. Il eſt
aſſez éclairé, aſſez fidele, aſſez déſintéreſſé,
pour réſoudre ſon Roi à la plus noble, à la
plus importante de ſes actions.

A l'activité du Guerrier, Sully ſçut al-
lier la prudence du Négociateur. Tout autre auroit vû ſes deſſeins déconcertés à la
Cour de HENRI III. Cour artificieuſe &
biſarre, où regnoient le menſonge, la
ſuperſtition & la galanterie; où les con-
jectures les plus oppoſées trouvoient à
s'appuyer ſur d'égales vraiſemblances.
Sourd aux inſinuations, indifférent aux
carreſſes, inſenſible aux menaces, tranquille au milieu des orages, fidele à l'aſtre
qui regle ſa courſe, il ſçait éviter les é-
cueils, veiller aux intérêts du Roi de
Navarre, remplir l'objet important &
ſecret dont il eſt chargé. Dans un tèms
plus heureux, lors qu'HENRI IV. ſe vit
paiſible poſſeſſeur du Royaume, il fallut
un Ambaſſadeur auprès de JACQUES I. qui
venoit de monter ſur le Thrône d'Eliza-
beth. Cet emploi ne pouvoit être confié
qu'à celui qui avoit déja traité avec Eli-
ſabeth elle-même, c'eſt-à-dire, avec une
Reine digne de commander, & dont il
avoit mérité l'eſtime & les éloges. On
ſçait avec quelle noble adreſſe Sully dé-

termina le Monarque Britannique à suivre
le plan de sagesse & de bienfaisance qui
devoit assurer la tranquillité de l'Europe:

Le génie seul n'auroit jamais entrepris
ce que Sully exécuta ; un sentiment plus
actif & plus sûr, l'amour qu'il avoit pour
son Maître, étoit le principe de toutes
ses actions. Il ne demanda jamais de récompenses, il auroit crû dégrader ses services & changer le sujet fidele en mercé-
naire avide. Il fut employé à traiter avec
des Provinces entieres ; incapable de se
laisser surprendre dans les pièges de la
fortune, il refuse des présents que des
villes accablées sous le poids de la guerre
offrent à un homme qui leur apporte la
Paix. Qu'on ne pense pas que la vanité
le conduise ; sans doute dans quelques
ames elle a brillé du coloris des vertus :
une motif plus pur parle à son cœur.
Sully veut apprendre à ses successeurs,
que tout ce qui ne vient pas de la main
du Maître deshonore celle qui reçoit.
Son zèle lui est garant de ce qu'il mérite;
mériter près d'un grand Roi, c'est obtenir;
où l'honneur est certain, l'intérêt est mé-
connu. Sully a partagé pendant vingt-cinq
ans les malheurs d'HENRI IV. épuisé sa
fortune pour soutenir ce Prince, répandu
son sang pour assurer sa gloire ; mais il
lui reste l'estime de son Roy & les ci-

catrices des bleſſures qu'il a reçues dans les combats.

La reconnoiſſance des Princes ne produit ſouvent que des richeſſes ; HENRI connoiſſoit trop Sully pour lui offrir ce qu'il avoit dédaigné ; la confiance ſeule pouvoit l'acquitter envers lui ; Sully devint le principal Miniſtre de HENRI. Ce fut en obligeant le ſujet à rendre de nouveaux ſervices, que le Monarque crut payer ceux qu'il avoit en déja reçus.

Ce n'eſt plus dans les champs de la Victoire, où ſon Roi l'enflammoit du feu de ſon courage, c'eſt dans les veilles pénibles du Gouvernement, que Sully va travailler au repos de la France.

S'il eſt un talent qui réuniſſe, en quelque ſorte, tous les autres, le talent de l'homme de guerre peut ſeul prétendre à cet avantage : en vain l'homme vieilli dans le cabinet voudroit faire croire qu'il n'appartient qu'à lui de régir un Empire ; ſa vue affoiblie dans l'ombre ne peut appercevoir les reſſorts d'un grand État. Financier, il n'eſt pas citoyen ; Magiſtrat, il eſt ſouvent mauvais politique ; timide dans ſes projets, lent dans leur exécution, il laiſſe échapper le tems, & le mal s'augmente. Le Guerrier vigilent, accoutumé à prévoir, agit facilement ; tous les dangers, tous les beſoins ſuivent les camps ; par les ſoins d'un Chef éclairé le soldat y trouve l'abondance & la sûreté des villes. Cet honneur, qui fait verser son sang pour la Patrie, ne souffrira jamais qu'on la sacrifie par des Traités honteux ; celui qui sçait conduire des hommes à la gloire, peut seul les faire arriver au bonheur : tel fut Sully. Avec une pénétration vive, un esprit juste , un zèle ardent , il conçut, il traça, il exécuta les Plans des opérations les plus difficiles. Que l'ignorance accuse la fatalité ; un Ministre sage sçait enchaîner les succès.

Si dans un État florissant on accepte, on recherche même l'honneur du Ministere, c'est que l'on est presque sûr de s'illustrer en suivant un ordre sage, établi depuis long-tems ; tout est gloire , pour ainsi dire ; mais alors tout étoit peine : les profusions des derniers regnes avoient épuisé les revenus ; les guerres civiles avoient intercepté toutes les ressources ; on ne pouvoit charger un Peuple qui succomboit sous le poids de la nécessité ; on l'eut détruit ; il falloit le conserver. Les maux s'accroissoient encore par un fléau plus funeste.... Il est une espece d'hommes plus dangereux qu'utiles, à qui, dans des tems de calamité, des Princes moins occupés de l'avenir que du moment , confient l'administration de leurs revenus. Ces hommes s'enrichissent , & du sein de la

bassesse

baſſeſſe ils s'élevent aux premiers rangs ; ce fut par eux que Sully commença la réforme des abus qui faiſoient pencher la France vers ſa ruine. Les Regiſtres de leurs crimes ſont ouverts par le Miniſtre de HENRI ; il perce les horreurs ténébreuſes dont ils s'enveloppent : leurs haines , leurs clameurs n'ont rien d'effrayant pour ſon courage ; leur flatterie , leur baſſeſſe rien de ſéduiſant pour ſon cœur ; des cris plus touchants troublent la grande ame de Sully : les Peuples de la campagne ne peuvent plus donner que leur ſang & des larmes ; la terre n'offre plus qu'un ſein arride au Laboureur découragé par l'impoſſibilité de jouir de ſa recolte ; il abandonne ſon champ , il renonce à la douceur de devenir le chef d'une famille qu'il verroit languir dans la miſere. L'habitant des villes ſéduit par le faſte du partiſan , préfére l'uſage trop facile de s'enrichir dans les *Affaires* à des moyens plus honnêtes , mais plus pénibles : le Commerce & l'Agriculture ſont annéantis ; Sully remet aux Peuples deux années d'impôts qu'ils n'avoient encore pû payer , & diminue de moitié tous les autres droits. Un Miniſtre moins habile auroit craint d'affoiblir les reſſources de l'État ; ſon intelligence *magique* , ce mot ſeul peut la peindre , ſçut augmenter les biens du

B

Roi en épargnant ceux des fujets. Il fait renaître la confiance, il encourage les travaux, les routes font ouvertes, les rivieres font navigables, la terre reprend fon éclat avec fa fécondité; tout annonce qu'un Dieu créateur répand fur la France malheureufe, des biens dont elle fut long-tems privée.

Après avoir réduit l'argent à un intérêt modique, Sully bannit les monnoyes é-trangeres qui n'ont que trop infefté Paris & corrompu fes habitans; il diffipe ces cohortes d'employés qui ruinent les Provinces, défend l'or fur les habits; il veut que la Nobleffe ne doive fa grandeur qu'au mérite, & qu'elle ne puiffe être confondue avec l'homme vil, à qui les richef-fes attirent une fauffe confidération.

Illuftres defcendans des anciens Nobles de la France, quelle gloire peut vous procurer votre luxe? Vous n'atteindrez jamais à la magnificence de ces enfans de la fortune, qui, chaque jour, réparent les dépenfes qu'ils font par les injuftices qu'ils commettent. Ce n'eft pas dans des Palais fuperbes que vous trouverez de vrais titres; fi vous avez des mœurs, il ne vous faut qu'un champ & des armes. Comptez fur vos actions, fi vous aimez la vertu pour elle-même; comptez fur votre Roi, fi vous défirez des honneurs;

la majesté doit répandre son éclat sur ceux qui font sa grandeur & sa force. Un Fleuve en traversant les terres leur donne l'abondance & la fertilité ; mais ce sont elles qui le soutiennent & lui forment ce lit qui le porte jusques aux Mers. Sully est un témoignage éclatant que les récompenses ne manquent point aux travaux ; la fortune sans cesse repoussée par l'austérité du Ministre , fut contrainte, pour parvenir jusqu'à lui , de prendre le nom de la reconnoissance dans les mains du Monarque. Sully ne chercha ni les biens , ni les dignités ; ami de son Maître , il ne le servit que pour le voir le plus grand des Princes ; tendre, mais sévére, il sçut l'arrêter, quand sa facile bonté l'entraîna trop loin ; son consolateur dans ses peines, il lui rendoit la force qu'elles avoient affoiblie. Rois du Monde , qui n'êtes entourés que d'esclaves , & qui ne sentez que le prix du pouvoir, connoissez celui de l'amitié. Courtisans qui trompez vos Maîtres , craignez d'étendre jusques sur vos descendans l'opprobre dont vous vous couvrez ; & si jamais vous élevez vos désirs jusques sur le Ministere, apprenez de Sully qu'il n'est d'autre bonheur, que celui d'en procurer aux hommes que l'on gouverne. Éblouis par l'honneur d'être le premier dans l'Etat, on oublie souvent d'en être le foutien ; on oublie que le pouvoir de difpofer des richeffes du Peuple n'eft que celui de les faireſervir à ſa proſpérité. Les tems de la guerre veulent ſans doute des reſſources extraordinaires ; mais l'incapacité ou l'infidélité les rendent ſi funeſtes,qu'on ne peut jouir des douceurs de la Paix lorſqu'elle eſt rendue au monde. Les malheurs s'accumulent , la confiance ſe perd , & le Miniſtre tombe dans un mépris dont toute la faveur du Prince ne peut le relever. Sully ſçut faire marcher les ſecours avec les beſoins ; mais il ſçut les faire ceſſer enſemble. Son pouvoir & l'amitié de HENRI ne l'aveuglerent pas ſur la néceſſité d'être eſtimé de ſes concitoyens : il fuyoit ces plaiſirs que la foibleſſe nomme délaſſement , & cette inaction criminelle , ſi révoltante pour le malheureux qui voit prolonger ſes peines. Peſant les intérêts ſacrés qui lui étoient confiés , il vouloit égaler chaque jour le bonheur de ſa Nation à la gloire de ſon Maître ; & ſes ſuccès annonçoient au Roi ſes travaux. Un Prince peut aiſément connoître ſi ſon Peuple eſt heureux ; qu'il examine cette foule qui s'empreſſe au tour de lui ; ſi l'on abuſe de ſon autorité , il ne verra qu'une froide curioſité , point de ces tranſports, de ces cris d'allégreſſe qu'inſpire le bonheur &

la préfence de celui qui le donne. Qu'il life fur les vifages ; l'injuftice de fes Miniftres y fera gravée par la fombre trifteffe. Qui peut fe dire comme Sully: *je n'ai*voulu compter la longueur de ma vie, que par les fervices que j'ai rendus ?* Je n'ai fait couler ni le fang, ni les larmes ; & ma Patrie tient de mes foins l'éclat dont elle brille, l'abondance dont elle jouit. Oui , François , votre grandeur & votre félicité font le fruit des veilles de ce grand Miniftre ; vous lui devez vos premiers jours de gloire & de bonheur ; vous lui devez les moyens qui depuis, vous ont portés au plus haut degré de puiffance. La France s'eft formée dans fes mains laborieufes.

La carriere qu'il parcourut fut immenfe ; comme il avoit tous les talens , il eut tous les emplois. Grand Voyer , il rétablit les chemins ; Intendant des Bâtimens , il en repare , il en reléve , il en crée : par lui les Frontieres ne craignent plus les infultes des Ennemis ; Grand Maître de l'Artillerie , il remplit les Arfénaux d'armes & de munitions : par-tout la force eft prête à faire refpecter les Traités.

Mais tandis que la Renommée porte le nom de Sully dans l'Univers, que toutes les Nations envient à la France le bon-

---

* Econom. Royal. T. 1. p. 134. *in*-16.

heur de le posséder, les chagrins l'attendent à la Cour. On n'est pas vertueux & juste impunément ; des ennemis secrets soufflent un venin qui ne peut flétrir un grand homme aux yeux de la postérité ; mais qui donne pour le moment de cruelles atteintes à l'ame, & force l'innocence à la triste nécessité de se défendre. Sully ne crut pas devoir s'en tenir aux preuves de trente années de services ; sa conduite est irréprochable ; ses mains sont pures comme son cœur ; c'est dans le sein de HENRI qu'il dépose ses peines, & c'est son Roi qui devient son défenseur. Sully ajoute aux témoignages non équivoques de l'intégrité de ses travaux, l'état de ses biens ; exemple inconnu jusqu'alors, & que ses successeurs n'ont point osé suivre. La calomnie dont il auroit pu devenir la victime, ne refroidit point en lui l'ardeur qu'il avoit à servir sa Patrie ; l'ingratitude ne révolte que l'orgueil, & ne lasse pas la vertu. Sully s'occupa plus fortement encore à garantir ses concitoyens des maux qu'ils sembloient chercher ; il étendit ses soins jusques sur l'avenir le plus éloigné. La force d'un Empire dépend de la sagesse de son Gouvernement. Sully voulut que la France put se soutenir elle-même, si jamais un regne foible donnoit quelques atteintes à sa grandeur. Pénétré de l'amour de fa Patrie, il ne fe borna point à des avantages momentanées ; il s'attacha à les rendre durables, en indiquant tout ce qu'il ne pouvoit exécuter. Que l'on porte les yeux fur ce qui exifte d'utile aujourd'hui : tout eft marqué du fceau de ce fage Légiflateur.

Le Militaire lui doit * des Hôpitaux pour le foldat malade, des Maifons de retraite pour les bleffés, un corps d'Artillerie, des Provifions, des Magazins, le projet d'un ordre de Chevalerie, celui d'une École. La bravoure feule n'apprend pas à conduire des bataillons ; & Sully craignoit que le fang des François ne fut un jour prodigué par l'ignorance. Il fournit à la Marine des moyens pour la rendre formidable en la rendant guerriere ; il arma des Flottes pour protéger le commerce dans les Indes ; il entreprit de joindre les mers & les rivieres par un Canal commencé, & dont l'exécution étoit refervée à Louis le Grand; il trouva des reffources faciles fans charger le Peuple. Sully qui connoît fa Nation, fçait qu'elle n'eft jamais fi généreufe, que lorfqu'elle eft libre. Mais le plus grand & le plus glorieux de tous fes projets, fans doute,

---

* Econom. Royal. T. 10. p. 313. *in* 16.

fut celui de cette Paix univerſelle, dont HENRI s'occupoit ſans ceſſe, & que ſon Miniſtre dirigeoit avec lui.

Sully voit enfin le jour où ſon Roi va devenir l'Arbitre & l'Ange Tutélaire du Monde..... Mais, quel bruit confus s'é-léve ? Sa Maiſon retentit de ce cri de douleur : *O Dieu ! Tout * eſt perdu ! la France eſt détruite* ! Il fait en tremblant quelques queſtions précipitées ; que va-t-il apprendre ? Le plus grand des Héros, & le meilleur des Rois, HENRI expire au milieu d'un Peuple qui l'adore ! Paris eſt teint d'un ſang pour lequel toute la Nation répandroit encore le ſien. Sully en ſuit la trace ſacrée à travers une foule effrayée & tremblante, qui s'empreſſe au-devant de ſes pas. Un ſilence farouche a ſuccédé au tumulte ; l'on n'entend que les élans ſourds, mais terribles du déſeſpoir. La voix éteinte & la mort dans les yeux, les malheureux François levent leurs bras au Ciel & lui redemandent leur Roi. C'en eſt fait ; leurs maux ſont parvenus au comble, le crime eſt conſommé ! HENRI n'eſt plus ; Sully reſte encore ; ils penſent à le conſerver. Ils croient avoir tout à craindre pour lui ; un ſujet fidèle devient une victime néceſſaire à l'impunité ; on le ſuit, on l'ar-

---

* Econom. Royal. T. 11. p. 212. *in* 16.

rête , on veut l'arracher aux périls qu'il court , on lui ferme les chemins du Louvre , comme un lieu fatal à sa vie *. *Conservez-vous pour nous* , s'écrie le Peuple malgré les sanglots qui l'oppressent ; *Dieu n'a permis un si cruel malheur, que pour déployer sur nous ses vengeances ; nous sommes perdus, si vous nous abandonnez ; après avoir si bien servi le Pere, ayez pitié de ses Enfants.* Pénetré , déchiré par le spectacle touchant qui se présente , Sully reste immobile ; il hésite & ne sçait si les terreurs du Peuple n'ont pas quelques fondemens certains . . . Mais pressé par le triste désir de voir encore son Maître, il avance ; s'il doit périr , ce ne sera du moins que sur le corps sanglant de son Roi. Il traverse le Louvre ; tout lui paroît dans un accablement profond , & la douleur est muette ; elle éclatte à l'aspect de Sully. La présence d'un homme qui fut aimé de Henri IV. ranime les cris & les larmes ; Sully s'efforce en vain de cacher les siennes ; il craint d'ajouter au juste effroi qui s'est emparé des esprits ; mais il est un terme au courage ; l'ame elle même l'a marqué ; Sully céde enfin au désespoir le plus violent. Un objet précieux , offert pour le calmer, vient l'augmenter encore :

---

* Econom. Royal. T. 11. p. 213 , 14 , 15 , 16. *in*-16.

c'eft le fils de HENRI qui des bras de la Reine paffe dans ceux de Sully : il le reçoit avec tranfport ; il le preffe contre fon fein, lui jure un attachement éternel. LOUIS XIII. apprend de fa mere, qu'il voit * *le plus fidele & le plus utile des ferviteurs du feu Roi : aimez Sully*, lui dit-elle, *& priez-le qu'il continue de vous fervir.* Ce difcours que le moment excitoit, fut bien-tôt oublié ; l'inftant étoit marqué, où les fervices de Sully ne feroient plus agréables, & Sully ne fe le diffimule pas. Malgré le trouble de fes efprits, il fent le malheur de la France ; il connoît ceux qui vont gouverner ; fon zéle fera fufpect, fa févérité importune, fon économie infupportable. On veut pourtant lui faire croire que l'on s'occupera du bien public ; on l'intéreffe par cette image, on l'arrête par fes devoirs ; mais des monftres las de ramper fous les loix de la vertu, levent leurs têtes de toutes parts, dans l'efpoir de voir enfin triompher le vice. Déja la foible crédulité obéit à la rufe ; on abolit des Édits de pacification ; on renonce aux Traités les plus folemnels ; on profcrit tout ce qui refufe de plier fous le joug des nouveaux Favoris. Des tréfors

---

* Econom. Royal. T. XI. p. 222. *in*-16.

amassés pour le soutien de l'État , sont prodigués à des hommes qui vont le renverser : que peut Sully dans ce désordre affreux ? Sous une Régence obstinée à détruire tout ce que l'on a fait de biens, incapable de sentir tout ce qu'elle cause de mal, où l'on ne veut plus d'un homme vertueux , déjà sa voix n'est plus entendue dans les Conseils. L'ame de Sully ne peut souffrir l'avillissement ; la Cour n'est plus pour lui qu'un séjour de douleur ; il fuit , non pour chercher à diminuer ses peines, pour affoiblir sa douleur , mais pour s'y livrer tout entier , pour comparer la grandeur du regne qui vient de finir avec la foiblesse de celui qui commence. La Reine feint encore de vouloir l'employer ; Sully connoît ses desseins , & veut lui épargner la honte d'une action qui la couvriroit d'opprobre : il remet volontairement la Sur - Intendance , objet le plus désiré par ceux qui vouloient disposer des revenus de l'État ; il s'éloigne , il emporte avec lui l'estime & les regrets de la France. Un Ministre que tout un Peuple pleure , est au - dessus des injustices de la Cour ; on l'honore , on le respecte ; ses ennemis les plus cruels n'osent se vanter de leur triomphe , & cachent leurs succès honteux , quand Sully publie sa disgrace: tel est l'avantage du grand homme , tout ajoute à sa gloire.

Si moins attaché à fa Nation, Sully eût pu trouver quelque plaifir à la voir malheureufe, il étoit bien vengé par les troubles qui s'éleverent à la Cour, dans le Confeil & dans les Armées : les Courtifans s'arrachoient les graces; tous vouloient régir, tous vouloient commander, & parce qu'il n'y avoit plus de Chef, ils fe croyoient tous dignes de l'être.

L'éloignement de Sully remit la France prefqu'au même état où il l'avoit trouvée; ainfi l'ame échappée des liens du corps, le livre aux loix de la diffolution. Sully, comme un feu créateur, vivifioit tout par fa préfence, l'abfence de Sully replongea tout dans le cahos; mais trop dévoué aux François dont il a fait le bonheur, il gémit d'avoir été contraint de les abandonner; ils l'intéreffent, ils l'occuperont toujours. Que ne peut-il, du fond de fa retraite, veiller encore à leur tranquillité! Après avoir perdu fon Ami & fon Roi, il ne lui refte que la douceur de faire des vœux pour fa Nation; puiffe-t-elle n'avoir jamais befoin de fon fecours ! il le defire, fans l'efperer : l'art de gouverner a difparu avec Sully ; cet art, par lequel il fçut abbaifer le factieux, encourager le citoyen, renverfer le méchant & foutenir le foible.

Les Proteftans forment au fein de la

France un Peuple toujours prêt à fe ré-
volter ; ils appellent Sully ; qu'il dife un
mot, & l'État eft perdu ; mais il n'a pas
travaillé fi long-tems à la grandeur de cet
Empire, pour être le moteur de fa ruine ;
on efperoit qu'il parleroit de vengeance, il
ne parle que de devoir, & refte fidele à
fon Roi ; dût-il, victime de la Cour, devenir encore celle du Parti contraire.
Une action fi généreufe apprit à ceux que
les paffions trompoient, jufqu'à quel degré
l'homme peut s'élever par la vertu au-
deffus de l'homme même.

A la honte des Ambitieux qui n'avoient
afpiré qu'au moment d'éloigner Sully, le
Confeil de la Régence fut obligé d'a-
vouer qu'il étoit néceffaire ; la Reine lui
remit encore une fois les intérêts de la
France dans les Affemblées de Rouen &
de Loudun ; il ne démentit point la haute
opinion que l'on avoit de fon génie & de
fa fidélité ; fa fermeté en impofa aux fé-
ditieux ; tout fut calme par fes foins. Sully,
depuis la perte de fon Maître, avoit re-
noncé pour jamais au bonheur ; il fentit,
en fervant fa Patrie, qu'il eft au moins
des inftans heureux pour le fage ; cette
idée confolante embelliffoit fa retraite ;
auffi la préféra-t-il toujours à la Cour, qui
n'étoit plus à fes yeux qu'un théâtre décoré pour le vulgaire, où fouvent l'on ne

voit que des sujets sans talents, sans vertus, usurpant à l'abri de la faveur, les
honneurs dûs au mérite. Les Courtisans,
ce Peuple désœuvré, oserent porter sur
Sully les regards d'une maligne curiosité ;
ses vêtemens leur paroissent antiques ; sa
modeste contenance est prise pour la foible timidité. Sully n'est point décoré de
ces Ordres que la politique inventa, dont
l'orgueil abuse, & que la faveur donne.
Il portoit un signe plus touchant pour les
ames vertueuses : une chaîne d'or sus-
pendoit sur sa poitrine une Médaille, où
les traits de HENRI IV. étoient gravés.
Cette image précieuse qui semble accuser
la bassesse des Courtisans, ne leur en impose
pas encore ; ils ont la raillerie sur les
levres, quand la honte devroit couvrir
leur front. Mais Sully leur fait sentir enfin
tout le mépris qu'ils lui inspirent ; SIRE,
dit-il au jeune LOUIS XIII. * *lorsque votre
Pere de glorieuse mémoire m'appelloit auprès de sa personne, il faisoit retirer ses
Bouffons.*

Des objets plus dignes de Sully le ra-
menent dans ses Terres ; une disette affreuse désole sa Province ; il croit à peine
la misere dont il est témoin : la France
qu'il laissa si florissante, ressent déja des

----

* Supplément au nouveau Mémoire.

calamités ; effet prompt & terrible d'une mauvaise adminiſtration ; Sully ne peut porter ſes ſecours en tous lieux ; mais dans celui qu'il habite on ne doit point ſouffrir ; il ouvre ſes mains généreuſes, & rend le bonheur avec l'abondance.

Au milieu d'une famille qui le révére, Sully entouré de Nobles, de Vaſſaux qui l'aiment & le reſpectent, meut & régit tout par les mêmes principes qui l'ont rendu le plus grand des Miniſ-tres & le premier des Sages ; on s'em-preſſe auprès de lui ; on s'inſtruit à l'en-tendre ; on ſe plaît à l'admirer ; ſa ma-gnificence ſans faſte, ſa générosité ſans oſtentation, une dignité ſans hauteur, une bonté ſans cette fauſſe familiarité qui in-ſulte ceux qu'elle accueille, la ſimplicité, la décence de ſes mœurs, la fermeté, la majeſté même de ſa conduite, tout le diſtingue, tout le peint.

Sa vie réguliere annonce la gravité de ſon caractere, & ce goût qu'il eut tou-jours pour l'ordre. Comme ſon ame a be-ſoin de faire des heureux, ſon eſprit a beſoin de travail ; ces deux mobiles re-gloient tout ſon tems. Il avoit conſervé l'habitude de ſe lever avec le jour ; une partie de ſa matinée étoit employée à prendre connoiſſance de tout ce qui con-cernoit les charges dont on n'avoit point oſé le dépouiller ; l'autre à rédiger ces mémoires économiques, qui ſont heureuſement parvenus juſqu'à nous, & qui dèslors rendoient Sully plus utile à l'État, que ne l'étoient tous ceux qui l'avoient remplacé dans le Miniſtere. En raſſemblant tous ſes papiers, il reliſoit les précieuſes lettres de HENRI ; ſouvent il s'arrêtoit à contempler le portrait de ce Héros, il le preſſoit de ſes levres, il le baignoit de ſes pleurs, ſe rappellant les malheurs de ce Prince & ſes vertus, comparant ſa bonté avec ſa mort cruelle. Chaque inſtant enfonce dans ſon cœur le trait dont il eſt déchiré, & qui ſeul l'empêche de jouir de la tranquillité de ſa retraite. En vain il s'occupe du bonheur de ſes Vaſſaux; il eſt digne époux, fidèle ami, tendre Pere ; ſes larmes coulent ſans ceſſe ; trente années qu'il ſurvécut à ſon Maître chéri, ne purent en tarir la ſource; & ſes derniers ſoupirs eurent encore toute l'amertume des regrets.

F I N.

A P P R O B A T I O N.

J'ai lû par ordre de Monſeigneur *le Vice Chancelier*, un Manuſcrit ayant pour titre : *Eloge de Maximilien de Bethune*, &c. & je n'y ai rien trouvé qui m'ait paru devoir en empêcher l'impreſſion. A Paris, ce 10 Novembre 1763.

L'ABBÉ GRAVES.